AF296072

LETTRE AU PEUPLE ET POUR LE PEUPLE,

Par le Citoyen *MITTIÉ*, Médecin.

TOUS les ans, *douze cent mille Citoyens*, parmi lesquels se trouvent *deux cent mille* Défenseurs de la Patrie, attaqués de la maladie vénérienne, sont livrés à tout ce que l'erreur, l'ignorance, le préjugé ont de plus absurde, et traités par des gens sans capacité, sans expérience, avec le *mercure*. Remède le plus infidèle, le plus dangereux, le moins connu et le moins propre à guérir.

Douze mille nouveaux nés meurent, peu de temps après leur naissance, soit en nourrice, soit aux enfans-trouvés ; les premiers infectent leur nourrice, celles-ci leurs enfans.

Parmi les adultes, *quinze mille* meurent, *trente mille* languissent, ou se ressentent toute leur vie, de l'effet du remède.

Cette maladie fait à la population, à l'agriculture, au commerce, à la navigation, à nos flottes, à nos armées, des torts incalculables.

Considérant que, depuis notre révolution, après cinq Pétitions, dont deux à la Conven-

A

tion nationale, après un nombre infini de Mémoires aux Comités de Salut public, de la guerre, de la marine, d'agriculture, de commerce, de santé, de secours, d'instruction publique, à la Commune de Paris, à tous les Départemens et Districts, à la Commission des secours publics, et à *celle de santé*, je ne puis obtenir, en faveur du Peuple, que les Officiers de santé, *salariés par la Nation*, soient tenus de répondre à mes objections, contre l'usage du mercure, et que ces mêmes Officiers, pour être à l'abri de l'inculpation *d'ignorans*, *de barbares et d'homicides*, soient également obligés de justifier la méthode qu'ils pratiquent du reproche d'être *aveugle*, *absurde*, *empyrique*, *inconséquente*, *compliquée*, *assujettissante*, *cruelle*, *dégoûtante*, *insuffisante*, *infidèle et meurtrière*; discussion essentielle et indispensable, pour répandre du jour sur une maladie, pour laquelle la Médecine a si peu fait : maladie la plus commune et la plus mal traitée de toutes celles qui affligent le genre humain..... Que la Convention nationale me mette à même, par des traitemens publics et comparatifs, de prouver l'avantage des végétaux sur le mercure..... que cet avantage, reconnu et avoué par les gens de l'art, ma méthode soit adoptée et devienne générale, pour la guérison de la maladie vérienne, et quand la Convention voudra, les malades se traiteront, eux-mêmes, sans frais, sans gêne et sans le secours d'un Officier de santé.

Considérant qu'il n'est pas de malades plus

(3)

mal traités que les Vénériens, tant en particulier que dans les hospices civils et militaires, par le défaut de savoir *en médecine*, de tous ceux à qui ce genre de traitement est confié.

Considérant le grand nombre de citoyens, victimes d'une aveugle confiance dans ces *empoisonneurs*, dont Paris et la République sont infestés.

Considérant que tous les remèdes employés, aujourd'hui, à combattre la maladie vénérienne, sont mauvais, sans aucune exception? outre leur danger, leur insuffisance et l'incapacité de ceux qui les emploient, il n'est pas un seul de ces remèdes, par sa nature, ses effets, ses accessoires, son administration et le régime, qui n'ait plus ou moins d'inconvéniens, et soit moins propre aux soldats, aux marins, aux paysans, aux artisans, aux ouvriers et à tous ceux qui ont des devoirs à remplir, qui les exposent à la fatigue, à une mauvaise nourriture et à l'intempérie des saisons.

Le régime, dans le traitement des maladies, est la pierre de touche du talent du médecin. Aussi la plus grande preuve de l'ignorance de ceux qui traitent la maladie vénérienne, est le régime qu'ils prescrivent. Ce régime, inconséquent, annonce chez tous les Officiers de santé, le manque de connaissance du caractère de la maladie, de son indication, de la nature des remèdes et de leur manière d'agir, d'après lesquels le régime doit être établi. Tandis que celui, en général, qu'on suit, est aussi absurde que le traitement est aveugle.

Vouloir guérir par une diète sévère et par des sueurs, est une manière de voir et de faire aussi fausse, aussi mauvaise, qu'était celle de traiter par la salivation.

On dira des malades ont été guéris de l'une et de l'autre manière; j'en conviens. Mais ces malades ont guéri, non parce que les remè-des ont procuré des sueurs ou la salivation. La vue bornée de ceux qui les ont adminis-trés, ne leur a pas permis de voir dans la nature et l'effet primitif du remède, la vraie cause de la guérison ; et encore beaucoup de ces malades, ainsi traités, ne sont que palliés. Toute évacuation, outre ses inconvéniens, est contraire à l'indication de la maladie vénérienne. Quelle analogie y a-t-il entre la matière des sueurs, de la salivation et le virus vénérien ? Quelle proportion éta-blir entre l'humeur qu'on évacue et le virus qu'on veut évacuer ? Quelle relation y a-t-il entre les émonctoires de la sueur, de la sa-live, et le siège du virus vénérien ? Quel rapport ces humeurs ont entr'elles ?

Le virus vénérien, relativement à sa quan-tité ponderique, est zéro : tandis que les au-tres humeurs sont considérables en quantité pon-derique. Comment donc apprécier leurs évac-tuations et en établir les proportions ? Com-ment détourner le virus vénérien d'où il est niché, et lui faire prendre la voie des sueurs, des selles, des urines, de la salivation ? C'est absolument manquer de principes en médecine , ou en avoir de bien erronés. Chose inconcevable ! depuis trois siècles , pas un homme de l'art n'a eu des idées vraies , ou au moins vraisemblables , soit théoriques , soit pratiques , sur la maladie vénérienne et son traitement.

Tout Officier de santé qui parle de la maladie vénérienne, ou la traite, paroît avoir renoncé à l'usage de sa raison , du sens commun et des lumières naturelles. Jamais on n'a raisonné, d'une manière plus fausse , plus inconséquente et plus contradictoire que sur le mercure et la maladie vénérienne. Je défie ceux qui la traitent , de citer un seul point de ce qui est écrit et de ce qui se pratique, qui ne porte ce caractère.

Aucun n'a consulté la nature et la prise pour guide ; aucun, dans sa pratique, n'a eu pour but de la suivre, la seconder, la suppléer.

Autrefois, j'ai partagé l'erreur de mes collègues : quand je me le rappelle, j'éprouve un sentiment de honte et d'horreur ! je rougis de ce que j'ai cru ! je frémis de ce que j'ai fait ! et, c'est aujourd'hui, ce que font, ce que croient, avec une aveugle assurance, avec une sotte présomption, tous ceux qui traitent les maladies vénériennes.

FERNEL, l'Hypocrate français, est le premier Médecin qui ait réfléchi et entrevu la vérité, sur les avantages des végétaux pour la guérison de la maladie vénérienne, et sur la proscription que méritait le mercure dans le traitement de cette maladie. Faute de tems, ou de la réunion des connaissances nécessaires, il n'a pas suivi, ni développé cette vérité. Peut - être les tracasseries de ses confrères, pour avoir envisagé et traité cette maladie différemment d'eux, lui ont fait abandonner un travail si nécessaire et si bien commencé. Le sort de Fernel ne m'a pas arrêté. Je me suis attendu à l'injustice et aux désagrémens que j'ai éprouvés. Avec plus de courage et de constance que Fernel, et, dans un siècle plus éclairé, j'ai repris, achevé et porté à un degré de perfection l'ouvrage qu'il n'avait qu'ébauché ; travail qui a demandé la connaissance de tous les accessoires de la médecine, et qui, fondé sur ses meilleurs principes, non-seulement mènera toujours, par une méthode éclairée, à une guérison certaine, mais même servira de flambeau dans la pratique de la médecine en général, sur-tout dans le traitement des maladies chroniques. Et c'est cet ensemble et cette supériorité de connaissances que mes adversaires envisagent comme le hibou fixe le soleil ; pour avilir mon talent et mon travail, ils disent de moi : Il a un secret.... comme si un *Serrurier* qui fait de mauvais tourne-broches, reprochait à *Lépaute*, qui fait de bonnes pendules, d'avoir un secret !.... Le savoir sera toujours un secret pour les ignorans.

Dans toutes les compagnies de Savans et d'Artistes, celui qui réunit plus de connaissances, d'un genre et à un degré que les autres ne possèdent pas, doit s'attendre à avoir pour ennemis, tous les Membres de la Société ou de la Compagnie. Ce qui m'est arrivé, pour m'être livré, d'après l'invitation, *en soixante-quatre*, de la ci-devant Faculté de Médecine, à un travail, dont l'étendue et la profondeur, l'utilité et la nouveauté ne pouvaient que me faire honneur et à ma Compagnie. Je détruisais des erreurs, j'établissais des vérités, j'étendais les ressources de l'art, et je venais au secours d'une grande partie du genre humain, avec une méthode et des remèdes propres à combattre, efficacement, la maladie la plus répandue, la plus mal traitée, la plus nuisible à la population, et la plus désagréable pour l'espèce humaine.

Considérant combien il est nécessaire, pour le salut du peuple, que les Officiers de santé soient instruits d'une méthode et se servent de remèdes, avec lesquels ces Officiers fassent toujours bien et jamais mal ; au lieu du mercure, avec lequel ils font, en aveugles, aussi souvent le mal que le bien ; quelquefois plus de mal que de bien, et indistinctement l'un et l'autre, sans être maîtres d'éviter le mal et d'assurer le bien.

Considérant que, depuis plus de trente ans, époque à laquelle j'ai offert mes découvertes au gouvernement et les ai communiquées aux différentes Compagnies de Savans, mes écrits, mes succès, mes expériences publiques n'ont point ouvert les yeux aux gens de l'art ni aux hommes en place, sur une fausse prévention, sur un préjugé absurde, aussi honteux pour la raison, que funestes à l'humanité.

Considérant que depuis cinquante ans, mes travaux, mes démarches, mes sacrifices, mon courage et ma persévérance, pour faire le bien de l'état et soulager mes semblables ont été infructueux.

Et loin que mon zèle, mon talent, mes veilles m'ayent conduit à mon but, celui *d'éclairer et servir l'humanité*, ils ont été pour moi une source de déboires et de chagrins. Mes découvertes, au lieu d'être un motif d'émulation pour mes collègues, m'ont attiré leur haine et leur persécution ; et les épithètes d'imposteur et de charlatan ont été prodiguées à l'homme vrai et instruit qui s'est justement acquis le titre d'ami et de bienfaiteur de l'humanité.

En attendant que la Convention porte ses regards sur le tableau affligeant, mais fidèle, que je lui ai présenté des maux et des pertes que le citoyen et la République souffrent, par la maladie vénérienne, et qu'elle prenne, en considération, mes offres de détruire ce fléau, dans sa source.

En attendant que les Comités de la guerre, de la marine et des secours ; la Commission des secours publics et le Conseil de santé, guidés par des principes d'humanité et d'économie, emploient, pour la guérison de la maladie vénérienne, les moyens que j'ai proposés, dont les avantages, sous tous les rapports, sont si grands et si connus.

En attendant que les Officiers de santé, moins prévenus en leur faveur, moins opiniâtres dans leur système, plus humains, moins aveugles, mettent de côté tout orgueil, toute jalousie, secouent le joug de l'habitude et du

préjugé, profitent des lumières que j'ai répan-
dues sur cette partie de la médecine, et sub-
stituent à leur faux savoir de vraies connaissances, qui les mettent en état de traiter leurs
malades avec plus de lumières, de douceur
et de succès.

Il est de mon devoir et de mon humanité, ne pouvant, par les obstacles qu'on y
met, faire le bien en général, au moins le
faire en partie, afin que ma découverte ne
soit pas entièrement perdue, pour le Peuple, j'offre des moyens de guérison à mes
concitoyens, que la jalousie, l'orgueil, l'intérêt, l'ignorance et la mauvaise-foi des gens
de l'art ne détourneront pas d'en user, comme
par leurs intrigues, par leur malveillance,
sans avoir jamais donné de raisons, par écrit,
ni attaqué ma doctrine, ni répondu à mes
objections, ils ont empêché les autorités constituées d'accepter mes moyens et mes propositions, dont les effets seraient si salutaires au
Peuple et si avantageux à la République.

Pour fermer la bouche à mes détracteurs,
qui n'ont opposé à mes travaux, à mes connaissances, à mes bienfaits, que des injures
et des calomnies; et pour apprendre au Peuple à juger du talent et de la bonne-foi de
ces adversaires, je déclare et je certifie,
d'après la théorie la plus profonde et l'expérience la plus consommée, ce que j'ai
prouvé et prouverai toujours par le fait,
l'exemple et le raisonnement :

Que la maladie vénérienne est la plus
simple et la plus facile à guérir. La nature

a placé, dans le règne végétal, un nombre infini de remèdes doux, efficaces, pour la guérison de cette maladie.

Elle est regardée comme fâcheuse, par les funestes effets du mercure, par l'ignorance de ceux qui la traitent, et par l'appareil et l'importance qu'ils mettent à leur traitement.

Les Chirurgiens, pour gagner la confiance du Peuple, abusent de sa crédulité, lui débitent des rêveries qu'il n'est pas en état d'apprécier; ils apportent, en preuve péremptoire, de l'efficacité du mercure, trois siècles d'usage, comme si une erreur généralement répandue acquérait, par son ancienneté, le droit, le titre, les effets d'une vérité! Il y a peu de tems, on sonnait les cloches, pour éloigner l'orage et se garantir du tonnerre. Ce dernier fait, quoique beaucoup plus ancien que le premier, est-il plus vrai? Les partisans du premier prouvent, péremptoirement, qu'ils sont aussi mauvais Médecins que les partisans de l'autre étaient mauvais Physiciens.

L'Officier de santé qui prétend qu'on ne guérit pas la maladie vénérienne sans mercure, est *un ignorant* en médecine.

Ceux-là sont des *calomniateurs*, qui, sans apporter la preuve, si facile à donner, avancent que le mercure entre dans la composition de mes remèdes, comme le disent et l'assurent CES FRATERS, CES CARABINS ET LEURS CLEFS DE MEUTE, qui, la plupart, ne sachant ni lire ni écrire, font les docteurs

et traitent cette maladie, sans y rien connaître. On est touché de compassion et saisi
d'horreur, quand on réfléchit que la santé et
la vie des Défenseurs de la Patrie, et d'un
plus grand nombre de Citoyens sont entre les
mains et à la merci de pareils hommes! qui
font la médecine sans la savoir, au lieu de
suivre le conseil que j'ai donné au sieur
Louis, un de leurs coryphées; *NE SUTOR
ULTRA CREPIDAM*.

Les partisans du mercure, ont pour tout
remède *l'onguent mercuriel* et *le sublimé cor-
rosif*, ou d'autres préparations analogues, et
comme ils voient la vérole par-tout, *à tort
à travers*, ils frottent, ils empoisonnent.
Dans la crainte qu'en admettant une méthode savante et des remèdes, d'un prix très-
modique, qu'ils seraient incapables d'administrer, ce soit mettre la faulx dans leur moisson,
ils clabaudent contre moi, ils ne veulent pas
qu'un Médecin instruit en sache plus qu'eux
et fasse mieux. Ces hommes, méprisables par
leur cupidité, dangereux par leur impéritie,
indignes du nom de citoyen par leur inhuma-
nité, doivent être regardés et traités en ennemis du Peuple, dont ils sacrifient la santé et
la vie à leur intérêt, à leur ignorance.

L'Officier de santé qui se flatte d'administrer le mercure de manière à n'en pas crain-
dre les accidens ou en garantir ses malades,
est un *impudent*, un *menteur*.

Le mercure n'est pas un spécifique de la
maladie vénérienne; il la guérit accidentel-
lement, quand il a subi, par l'art, ou dans

l'économie animale, une combinaison saline. Outre les maux occasionnés par le mercure, en qualité de substance métallique, il est d'autres accidens, en plus grand nombre, qu'il est impossible de prévenir, qui sont le produit de sa combinaison saline, sans laquelle point de guérison. Il n'est pas un malade, quoique bien guéri, par le mercure, qui n'ait éprouvé de ces accidens, ou au moins en ait couru les risques. Accidens et risques attachés à la propriété curative du mercure. Le malade qui a eu le bonheur de ne pas éprouver de ces accidens, doit en rendre grace au hasard ou à la nature, et jamais à l'artiste, son prétendu guérisseur, qui s'est servi, en aveugle, et sans le connaître, de l'instrument le plus dangereux, et néanmoins se fait honneur d'une guérison, à laquelle il n'a aucune part.

L'Officier de santé, dans le traitement de la maladie vénérienne, agit en empyrique, sans savoir l'indication que la maladie présente, sans savoir ce qu'il convient de faire et sans pouvoir rendre raison de ce qu'il fait. Tout en criant au *charlatan*, il en est un *lui-même* par le fait ; il donne les preuves, tant en propos qu'en actions, les plus convaincantes de sa charlatanerie.

Prétendre que le mercure soit l'unique remède de la maladie vénérienne, sans connaître sa manière d'agir, et partir de ce point pour refuser à toute autre substance la propriété de guérir, est d'une ignorance, d'une inconséquence et d'une mauvaise-foi sans exemple.

L'assertion que le mercure **est le seul** remède de la maladie vénérienne, est UN ARRÊT DE MORT, prononcé par les partisans même du mercure, contre les malades à qui le mercure est contraire. Il est des malades à qui le mercure ne fait rien ; d'autres chez qui il produit des effets terribles. Il est des symptômes qu'il aggrave, d'autres qu'il rend incurables ; des cas, des tempéramens, des constitutions, des maladies compliquées avec la vénérienne, qui contre-indiquent l'usage du mercure. Quel espoir reste-t-il aux malades, quand l'Officier de santé n'a pas d'autre moyen, d'autre ressource pour guérir que le mercure?.... LA MORT.

Jusques à quand, Mandataires du Peuple, serez-vous insensibles à ses maux, indifférens à mes propositions d'y remédier et sourds aux vérités que j'ai le courage de dire?

De quelle trempe est donc votre cœur, particulièrement celui des Députés médecins, pour voir avec tant de froid et d'insouciance, le sort de *douze cent mille Citoyens*, livrés à la douleur et à la mort? quand, pour les en arracher, la Convention n'a qu'à vouloir? quand il m'est si facile de le faire, à l'appui de son autorité, pour m'en faciliter les moyens?

Quelles sont donc, Législateurs, vos vues en politique, en administration, pour dédaigner une économie de *deux cent millions et la conservation de trente mille Citoyens?* l'accroissement de la population et les avantages qui résultent du travail, *d'un million d'hommes*, pendant deux ou trois mois, tous les ans?

Mais, dira-t-on, vos moyens, vos propositions peuvent être illusoires? Qu'a-t-on fait pour s'en assurer, depuis le tems que j'offre de donner et que j'ai donné toutes les preuves de conviction qu'on pouvait desirer? Je répondrai, que n'a-t-on pas fait pour les empêcher ou les anéantir ces preuves? Je n'ai rencontré, sur mon chemin, que deux classes d'hommes; les uns indifférens au bien public, les autres intéressés à voir le mal ou à le faire; et voilà les gens avec qui j'ai eu à traiter!

Pourquoi le Comité de Salut public n'a-t-il pas accepté les expériences publiques et comparatives que j'ai demandées? Pourquoi n'a-t-il pas ordonné à la Commission de santé, la discussion que j'ai proposée? *L'équilibre des opinions donne la vérité, et l'opposition tourne au profit de la chose publique.....* Un Député à qui je me suis plaint d'un procédé aussi extraordinaire, m'a répondu, avec un *ris sardonique :* Cela ne doit pas vous étonner, un de vos confrères était *Membre du Comité de Salut public.*

EXTRAIT des Registres des délibérations du Comité militaire de la Convention nationale, du sixième jour de Brumaire, l'an troisième de la République française, une et indivisible.

Présens les Citoyens GOSSUIN, Président; DUBOIS-CRANCÉ, Secrétaire; LETOURNEUR, TALOT, CALON, ENFANS, BERNARD, AFRIQUE, LEMAAN, ROVÈRE, LOUIS, (du bas Rhin).

Le Comité militaire arrête que les Officiers de santé, dans toute la République, sont invités de présenter d'ici au premier Frimaire prochain, au Comité militaire, les moyens les plus prompts et les plus efficaces de guérir les maladies vénériennes et la galle.

Quel bien, quel effet cet arrêté si sage, si humain, a-t-il produit? J'ai présenté des Mémoires sur l'une et l'autre maladie, on n'y a pas fait la moindre attention, et je n'en ai pas eu de nouvelles ou de réponse, plus que d'une chose regardée comme non-avenue. Sans doute le Comité a reçu ou trouvé des moyens autant ou plus avantageux que les miens. Pourquoi ne les a-t-il pas fait connaître, pour être examinés, ou ne les a-t-il pas employés pour le traitement des Militaires et l'instruction des gens de l'art?

N. B. Autre preuve de l'indifférence ou de l'éloignement de la *Commission de santé* pour le soulagement des troupes. Quand j'étais Membre de cette Commission, ma mauvaise santé ne me permettant pas d'en remplir les fonctions, et malgré les instances de mes collègues, qui me proposèrent de m'en alléger le travail, ma délicatesse répugnant à toucher les émolumens d'une place dont je ne partagerais pas également le fardeau avec mes collaborateurs, je demandai ma démission, et le 21 Juin 1793 (*vieux style*) où je la donnai, voulant néanmoins servir l'état et l'humanité, je fis mettre la proposition suivanté sur le procès-verbal du jour, en présence de tous les Membres, qui ont signé le plumitif. *J'ai beaucoup amélioré le traitetement de la galle, et j'ai porté celui de la maladie vénérienne à un degré de perfection qu'aucune méthode ne peut atteindre ; vous pouvez disposer des hôpitaux, soit à Paris, soit à Saint-Denis, quand vous voudrez ; nous ferons ensemble des traitemens sur l'une et l'autre de ces maladies.* Mes offres n'ont pas été plus accueillies que mes Mémoires...... Et voilà comme on va au-devant du bien, et comme on le fait !

Après les décrets de la Convention d'encourager et de récompenser les arts, les sciences, les Savans, les Artistes ; parmi les hommes à qui on a accordé des dons, à titre d'encouragement, d'indemnité, de gratification, se trouve-t-il un inventeur ? se trouve-t-il un Artiste, un Savant qui ait autant travaillé autant dépensé, et qui ait essuyé autant de pertes et de désagrémens que moi, pour soulager l'humanité souffrante ? Pourquoi le Comité d'instruction publique, à qui j'ai présenté ma découverte et mes propositions, n'a-t-il pas daigné les examiner ? Tout entier aux arts agréables, le mien n'étant qu'utile et concernant la santé du Peuple, chose dont on s'occupe le moins, n'a pas vu ni voulu voir la découverte, l'Auteur et ses Pétitions. Le Comité n'a pas jugé à propos de me mettre sur la même ligne que le Poëte, le Peintre, le Musicien, etc. *Les Grecs et les Romains,* qu'on veut imiter, auraient pensé et agi différemment.

rement. *A Rome et dans Athènes*, on eût fait plus que bien d'accueillir *un conservateur de l'espèce humaine*, sur-tout dans un tems où la République faisait une perte considérable d'hommes.

Le Comité d'agriculture, pour la sûreté des bestiaux, dans les campagnes, a fait rendre un décret contre les loups. Bien! Si des moutons, dans la crainte d'en être mangés, avaient pris un pareil arrêté, en le faisant, ils auraient suivi un mouvement naturel, et auraient pensé à leur conservation et à celle de leur espèce.

Comment le Comité d'agriculture, instruit des ravages que la maladie vénérienne fait dans les campagnes, de la contagion qu'y portent les nourrissons, de leur mortalité et du manque de secours pour les Cultivateurs? d'après ces faits, comment le Comité n'a-t-il donné aucune attention à mes Pétitions et à mes offres à la Convention? Le Comité s'est plus occupé de la conservation des animaux que de celle des hommes.

Est-ce servir la Patrie, l'humanité? est-ce remplir exactement le devoir de Mandataire, à l'égard de ses Commettans? Cette indifférence, je ne dis pas pour le premier de ses devoirs, mais pour la santé de ses semblables, prouve, malgré le saint nom de *fraternité*, combien peu *l'homme est à l'homme! le citoyen au citoyen!*

La Convention, dans sa sagesse, a rendu un décret contre les loups; il est à souhaiter qu'elle lui en dicte un contre les charlatans. *Ces brigands, ces empoisonneurs*, sont

B

autant le fléau du genre humain, que leur existence est *la honte* et *l'opprobre* d'un état et d'une ville policés.

Qu'on fouille dans les fastes, les annales des sciences, pour voir si l'on trouve un homme de ma profession, qui ait rendu de si grands services à l'humanité, par la conservation de tant d'individus de la race présente et des générations futures. Pour prix de mes travaux et de mes succès, quel accueil ai-je reçu ? des refus.... Quel encouragement ? des injures.... Quelle récompense ? on m'a volé et calomnié...... D'après cet exemple, quel homme à talent sacrifiera son tems et sa fortune pour servir sa patrie et l'humanité ?... Celui qui, comme moi, mettra et trouvera son bonheur et sa récompense dans le bien qu'il fait ; mille fois je l'ai éprouvé, en voyant des hommes qui tenaient la vie de moi. Cette jouissance élève mon ame, me console des injustices, et me fait dire, d'après *Cicéron* : NIHIL TAM PROPRIUS AD DEOS ACCEDIT QUAM HOMINIBUS SANITATEM REDDENDO.

Quels sont donc les soins et l'empressement de la Commission des secours publics, à soulager le Peuple, à ménager les dépenses de la République, en rejetant les moyens que j'offre de faire le bien ?

Que penser du savoir, de l'humanité, de la délicatesse des Membres de la Commission de santé et des Chirurgiens en chef des armées, des hôpitaux, qui, après mes écrits, mes invitations, mes défis, mes provocations, se laissent vilipender et traîner dans la boue, plutôt que répondre ?

Dans les mille et une infamies que la *Commission* de santé a faites, pour me nuire et empêcher le bien, son dernier procédé manifeste trop sa malveillance, sa mauvaise-foi et le mépris de tout respect humain, pour ne pas le faire connaître. Le Peuple, qui est le patient et le souverain, ne doit pas ignorer comme se conduisent les Officiers de santé, qu'il paye, et que la Convention a choisis, pour l'éclairer et la conseiller, sur ce que la République a de plus précieux, la santé et la conservation des Citoyens.

Quand le Comité de Salut public a ordonné à la Commission de santé de lui faire, sous trois jours, un rapport sur ma manière de traiter la maladie vénérienne, par les végétaux ; rapport que *la Commission des secours publics* avait demandé, depuis six mois, et que les Ministres *Bournonville* et *Bouchotte* avaient demandé, long-tems avant, sans que la Commission de santé, à qui on a toujours reproché son insubordination, ait eu le moindre égard à des demandes, qui étaient des ordres pour elle, d'autant plus impérieux, que son devoir et le salut du Peuple les commandaient.

Enfin, la Commission avait chargé de ce rapport le citoyen *Chabrol*, un de ses Membres ; cet Officier de santé, éclairé par sa propre et longue expérience, conduit par l'humanité et l'amour de la chose publique ; après s'être bien pénétré de ma doctrine, par la lecture de mes Ouvrages, d'après les procès-verbaux de mes expériences publiques, et sur le récit de mes succès particuliers, cet Officier de santé, a fait, en *homme de l'art*, un *rapport motivé*, et a conclu à l'emploi pur et simple de mes moyens de guérir.

Comme ce rapport, par l'exemple, les lumières et le conseil du citoyen *Chabrol*, pouvait influer sur l'esprit des Officiers de santé, qui veulent le bien et cherchent à s'instruire, et par-là, contrarier les vues et le despotisme de la Commission de santé ; ses Membres prirent de l'humeur, se soulevèrent contre le citoyen *Chabrol*, lui *reprochèrent de ne pas penser comme eux, et de s'entendre avec moi*, quoiqu'il ne m'ait jamais vu ni connu, *refusèrent de signer ce rapport, et arrêtèrent qu'il ne serait pas envoyé au Comité de Salut public*. Néanmoins, le citoyen Chabrol, suivant ce que son devoir et son zèle lui prescrivaient, remit son rapport aux Comités de Salut public et de la guerre.

La Commission de santé, pour satisfaire aux ordres du Comité de Salut public, chargea le citoyen *Bayen*, *Apothicaire*, ou ce Membre, confiant dans son savoir, se chargea du Mémoire, quoique *sur une maladie médicale*, sans aucune connaissance en médecine. Il fallait que la Commission fût bien dépourvue de talent, pour confier ce travail à un *Apothicaire*, si peu en état de s'en acquitter. Aussi ce rapport en médecine, a le caractère de *l'erreur, de l'ignorance et du préjugé* ; de plus, il est *astucieux, injurieux et calomnieux....*

Quand le Comité de Salut public a chargé la Commission de santé de me remettre *ses rapports avec l'arrêté du Comité ;* la Commission a eu grand soin de soustraire de son envoi *le rapport du citoyen Chabrol.* Cette infidélité, de la dernière importance, est des plus criminelles, à l'égard du Peuple.

La Convention et le Comité de Salut public cherchent à s'éclairer, dans une matière qui n'est pas de leur compétence ; les hommes à qui elle donne ce soin et sa confiance, les trompent, pour satisfaire leurs vues particulières, au détriment du Peuple et au mépris de son autorité.

Les Comités de Salut public et de la guerre ont un exemplaire du rapport du *Chirurgien Chabrol.* Je voudrois bien qu'on m'en remît un, pour le comparer avec le rapport de *l'Apothicaire Bayen.*

La vérité et les lumières que la Convention cherche à se procurer, ne doivent pas rester ignorées ou enfouies dans ses bureaux. Il ne faut pas que, par les intrigues de quelques malveillans, le Peuple et la République soient privés du bien et des secours qu'on leur offre et qu'ils doivent attendre du savoir et du patriotisme des bons citoyens.

Les Membres de la Commission de santé, ayant à se reprocher leur conduite et leur mauvaise-foi, pour ne plus avoir, parmi eux, un témoin, devant qui ils auraient toujours à rougir, voulurent s'en défaire ; la place de premier *Médecin* de l'hôpital militaire de Mézières étant vacante, ils y nommèrent le citoyen *Chabrol*, qui en était le *Chirurgien-major*......

La nomination du citoyen Chabrol , *Chirurgien*, à la place de *Médecin*, est d'un mauvais exemple, et peut avoir de grands inconvéniens. Ce citoyen est connu pour un très-bon Chirurgien ; mais il se peut et il est à présumer qu'il ne soit pas aussi bon Médecin. La différence de ces deux arts est très-grande ; celui qui les pratique, sans les savoir, est un être bien dangereux pour la société. Dans ce dernier cas, sur qui retomberaient les reproches d'homicides, résultant d'une nomination déplacée ? Sur la Commission de santé. Elle en serait la cause directe et volontaire.

La Commission de santé , non-contente de mettre des obstacles au bien qu'elle est incapable de faire, fait le mal par arrangement, pour se venger, pour satisfaire des vues particulières ; elle le fait de propos délibéré ! De quelle nature est ce mal ? La perte de la santé ou de la vie ? Sur qui retombe ce mal ? Sur le Peuple !

O Peuple souverain, à qui j'écris et pour qui j'écris, ouvre donc les yeux ! vois comme on se joue de toi ! vois le peu de cas qu'on fait de ta santé et de ta vie !

Et vous, Députés, profitez donc de ces avis, de ces vérités, de ces dénonciations, pour vous éclairer et vous mettre à même de servir la République comme vous le devez ; votre devoir l'exige, l'humanité vous le commande.

Tous les *Chirurgiens* se disent, se croient

et veulent être *Médecins*. Ils font la médecine, avec la plus grande confiance, sans
se douter des premiers élémens de cette
science.

Je crois devoir dire à ce sujet, ce que je
sais, ce que j'ai vu, ce que je pense, en
mon ame et conscience; le Peuple et le Gouvernement doivent profiter de cette vérité.

Parmi les Chirurgiens, qui jouissent de la
plus grande réputation, la mieux acquise, la
plus méritée, *en fait de chirurgie*, depuis
cinquante ans que je les fréquente, je n'en
ai pas connu, je n'en connais pas *un*, qui
sache vraiment la médecine, quoiqu'ils la
pratiquent tous. Ils sont, à cet égard, d'une
prétention, d'une assurance, d'un avengle-
ment sans exemple. Le plus instruit, celui
qui s'en fait le plus accroire, n'a que des
connaissances fausses ou très - bornées en
médecine. L'on peut dire, de tous, avec douleur: QUIDQUID DELIRANT...... PLECTUN-
TUR ÆGRI !

Afin de prouver le contraire de ce que j'a-
vance, que ceux des *Chirurgiens* qui se mê-
lent de la médecine, répondent *en Médecin*,
à ce que j'ai écrit, sur la maladie vénérienne.

La maladie vénérienne est une *maladie médicale*, uniquement du ressort de la médecine.
Cependant, *les Chirurgiens*, *seuls*, traitent
cette maladie, dans les hôpitaux civils et militaires. La conséquence à tirer de ce fait,
est qu'on ne doit pas être surpris que cette
maladie, *depuis trois siècles*, soit si mal

traitée, puisqu'elle l'est par des hommes qui n'ont aucune des connaissances nécessaires pour la bien traiter.

Il en est de même de la galle et de son traitement.

Il y a, dans les hôpitaux de la guerre et de la marine, *quatre cent mille* galleux et *deux cent mille* vénériens dans l'année. A quoi sert aux autorités de demander des moyens de guérir, quand on manque de sujets pour les employer? ou qu'on en charge ceux qui sont incapables de le faire convenablement?

Un bon patriote, un ami de l'humanité, doit gémir sur le sort de nos Défenseurs, de nos Concitoyens, les plaindre ou les pleurer, en les voyant aller à l'hôpital se faire traiter de la galle ou de la maladie vénérienne.

Que des Commissaires, pris dans la Convention et à la Commission des secours, visitent, avec moi, les hospices Jacques, de la Salpêtrière, du Gros-Caillou, de la Maison nationale des Invalides, je leur ferai voir combien les traitemens sont longs, cruels, insuffisans et dispendieux, et avec quel despotisme, quelle présomption ces hommes ignorans et à préjugé, traitent les Citoyens obligés d'aller dans ces maisons, chercher des secours, contre la maladie vénérienne.

Dans ma Pétition à la Commune de Paris, du 29 pluviôse, de l'an deuxième de la République, j'avais engagé les Officiers de santé, en chef, de ces maisons, en les interpellant chacun par leur nom, de répondre à mes objections; j'avais également prié les Admi-

nistrateurs des hôpitaux et les autorités constituées, d'obliger ces Officiers de santé, *sous
peine de destitution*, de me répondre ; les
uns et les autres n'en ont rien fait. Il a paru,
sans doute, aux Officiers de santé et aux Administrateurs des hôpitaux, que pour le bien
des malades, pour les intérêts de la République, des traitemens plus doux, plus efficaces, moins longs, moins dispendieux, ne
valaient pas la peine de s'en occuper.

L'Officier de santé censé le plus en état
et le plus obligé de répondre à mes écrits, c'est
le citoyen *Hertelou*, *Membre de la ci-devant
Commission et du Conseil actuel de santé ;
Chirurgien en chef de l'hôpital de Toulon,
etc., etc., etc.*

Ce Chirurgien a publié, il y a deux ou
trois ans, une brochure à laquelle sa mo-
destie ne lui a pas permis de mettre son nom,
pour démontrer qu'on pouvait et devait se
passer de médecins à l'armée et dans les hôpitaux militaires ; que les Chirurgiens y feraient, à-la-fois, la médecine et la chirurgie.
Ce projet ne pouvait être fondé que sur des
connaissances, en médecine, que les Chirurgiens ont, supérieures, ou au moins égales à
celles des Médecins. Quand un Chirurgien
avance une pareille thèse, il est plus qu'aucun
autre obligé de la prouver, par lui – même,
s'il ne veut s'attirer le mépris et l'indignation
du Peuple.

En conséquence, le Conseil de santé, pour
le bien de la chose, doit charger le citoyen
Hertelou de répondre à mes objections ; lui-

même, pour peu qu'il ait de délicatesse, doit se piquer d'honneur, et le faire de son propre mouvement. Comme il serait trop long de répondre à tous les articles répandus dans mes écrits, contre l'ignorance, le préjugé et le faux savoir, à l'égard de la maladie vénérienne; en attendant une discussion générale, je propose *au Chirurgien Hertelou, les questions médicales suivantes :* quels sont *l'indication, l'indiquant* et *l'indiqué*, que présente la maladie vénérienne ? Connaissances nécessaires dans toutes les maladies, pour les traiter méthodiquement, en vrai Médecin. *Comment le mercure agit pour guérir? Quelle est la cause de ses effets nuisibles et salutaires? Quels sont les moyens de diriger les bons et de prévenir les mauvais ?*

Un Chirurgien qui veut, par la supériorité de ses connaissances, remplacer les plus savans Médecins, ne doit pas hésiter à répondre, cathégoriquement, à des questions si simples. Il ne doit pas les trouver au-dessous de lui, et dire, *aquila non capit muscas*, quand je pense, et j'assure que ni *le Médico-Chirurgien Hertelou, ni ses pareils,* ne sont en état de répondre à ces questions.

Pour me détromper, et autant par le desir de se distinguer et de secourir ses semblables, que pour honorer ses confrères et servir la chirurgie, le citoyen *Hertelou* se fera un devoir et un plaisir d'entrer en lice avec moi; je l'en prie, je l'y invite très-fort. Il a des obligations de plus que moi à remplir. J'écris par zèle et sans intérêt pour la conservation de mes concitoyens ; tandis que le citoyen *Hertelou*, en lui supposant les motifs, étant de plus *salarié et bien salarié par la Nation*, ne peut mieux la servir qu'en le faisant d'une manière utile. J'attendrai, avec impatience, une production dictée par le zèle, le savoir et l'amour-propre, et qui doit concourir au progrès de l'art et au soulagement de l'humanité.

Quel est donc le motif de la Commission de santé, pour mettre tant d'obstacles au bien qu'elle est incapable de faire ? Quelles sont les raisons de son acharnement contre moi ? Depuis trente ans je lutte contre elle ; quels reproches a-t-elle à me faire ? Quels torts a-t-elle à m'imputer, à l'égard du savoir, de la délicatesse, du désintéressement, de l'humanité ? Je somme ses Membres individuellement et collectivement de répondre. Je suis leur égal, leur ancien ; j'ai passé par toutes les places, les épreuves ; je m'y suis distingué. Les gens de l'art que j'ai éclairés m'ont persécuté ! Je veux faire le bien, ils me calomnient !..... Quelle abomination !..... Qui souffre des effets de leur haine, de leur jalousie ? Le Peuple.

Sous l'ancien régime, ma méthode, mes découvertes n'ont pas été adoptées parce que je n'ai pas voulu payer ceux qui étaient en place. Il me paraissait aussi humiliant pour moi de payer pour faire le bien, que déshonorant pour eux, d'exiger une rétribution pour le permettre !...... Sans doute la même cause n'existe pas aujourd'hui !..... Que la

Commission de santé s'explique donc ?..... Qu'elle rende compte au Peuple des motifs de sa conduite avec moi, comme je le fais de mes griefs contre elle.

Si un Militaire, instruit et blanchi dans le métier de la guerre, taxait nos Généraux en chef et les principaux Officiers de l'armée de lâcheté et d'incapacité, que ferait le Gouvernement ? il les obligerait de se justifier. Que feraient de braves Militaires qui se croiraient insultés et calomniés, avec le sentiment intime de leur savoir et de leur courage? ils prendraient à partie celui qui les inculperait, et se mesureraient avec lui. Pourquoi donc le Gouvernement et les Officiers de santé n'agissent pas de même avec moi ?

Quelle considération méritent des Militaires inculpés et traduits au tribunal de l'honneur, qui ne se justifient pas ?

Quelle confiance méritent des Officiers de santé, dénoncés à l'opinion publique par un homme de l'art, comme *ignorans*, *barbares*, *homicides*, *et tels*, *par le fait*, qui, peu jaloux de leur devoir et de leur réputation, ne se lavent pas, ou ne peuvent se laver de pareils reproches ?... C'est au Peuple à prononcer.

Que des Officiers lâches et présomptueux envoient le Soldat à la boucherie, ou que des Officiers de santé ignorans et orgueilleux le fassent souffrir et périr, l'effet est le même ; il doit également intéresser le Peuple et le Gouvernement.

Le Gouvernement verra-t-il donc, plus long-tems, avec indifférence, et sans y prendre la part qu'il doit, une dénonciation, si intéressante, à tous égards, pour le Peuple et la République ?

Peuple, n'imagine pas que ces reproches aux gens de l'art soient une déclamation. Ces reproches ne sont, pour le malheur du genre humain, que trop fondés. Ils tombent également sur les autorités constituées, auxquelles je me suis adressé, qui n'ont pas daigné m'écouter, et qui, sans en motiver les raisons, ne veulent pas employer des moyens économiques et curatifs, proposés par un Médecin connu, qui a fait ses preuves, et dont la probité et le zèle, égalent le talent et l'humanité. Moyens de secourir *douze cent mille Citoyens*, et d'épargner plus de *deux cent millions* tous les ans. Objet, sans doute, qui n'a pas paru assez important, pour mériter quelque attention, non plus que mes offres de tirer des hôpitaux, et de mettre en campagne, *quarante mille* Défenseurs de la Patrie, les traiter, sous la toile, en faisant leur service, pour *quinze livres* par malade ; tandis que chaque vénérien coûte au moins *sept cent vingt livres* à la République, et qu'elle est privée de son service pendant son traitement.

Je déclare, sur mon honneur, que mon intention n'est pas de blesser aucun Citoyen, encore moins de manquer à la Convention ou aux autorités constituées, par les vérités que je dis : elles sont d'une si grande importance, que mon patriotisme et mon humanité me feraient un crime de les taire, connaissant les funestes conséquences dont elles sont pour le Peuple, qui les ignore. Au surplus, les Députés, les Comités, les Administrateurs et les Officiers de santé qui se croiront offensés, compromis ou calomniés par mes écrits, par mes plaintes, par mes reproches, doivent me répondre, ou m'attaquer en justice. Les tribunaux leur sont ouverts. C'est-là où je voudrais les voir et les traduire, pour faire connaître au Peuple, qui en est la victime, les abus, les horreurs et les homicides qui se commettent dans les hospices civils et militaires, à Paris et dans toute la République, à l'égard de la maladie vénérienne. Maux dont la source est dans la morgue et l'aveuglement des Officiers de santé, dans le vice et la négligence de l'Administration des hôpitaux, et dans la tolérance criminelle des charlatans. Maux si faciles à prévenir si on le voulait ! Maux dont on ne daigne pas s'occuper, par une indifférence inconcevable, sur la conservation du Peuple, dont la santé et la vie paraissent comptées pour rien, par le peu de vigilance et d'intérêt qu'y mettent ceux que le Peuple paye, pour le soigner, et ceux qu'il paye, pour l'administrer.

Si l'âge, le travail et les maladies ont affaibli mes facultés physiques et ne me permettent pas de secourir mes semblables, comme je le voudrais, je ne m'apperçois pas encore que mes facultés morales s'en ressentent ; tant que je les conserverai saines, je combattrai l'erreur, l'ignorance, le faux savoir et la mauvaise-foi qui règnent à l'égard de la maladie vénérienne, et j'attaquerai, je dénoncerai, je poursuivrai, sans ménagement, ceux qui sont intéressés à les entretenir.

Depuis trente ans, je suis victime de mon zèle, pour le soulagement de mes semblables : s'il m'arrive d'être martyr des vérités que mes lumières, mon humanité et ma conscience m'obligent de publier, je ne me plaindrai point, si ces vérités contribuent, un jour, au salut du Peuple et au bien de la chose publique.

A Paris, ce 1er Prairial, l'an troisième de la République française, une et indivisible.

MITTIÉ, *Médecin de Paris, un des plus anciens Officiers de santé des Armées et des Hôpitaux.*

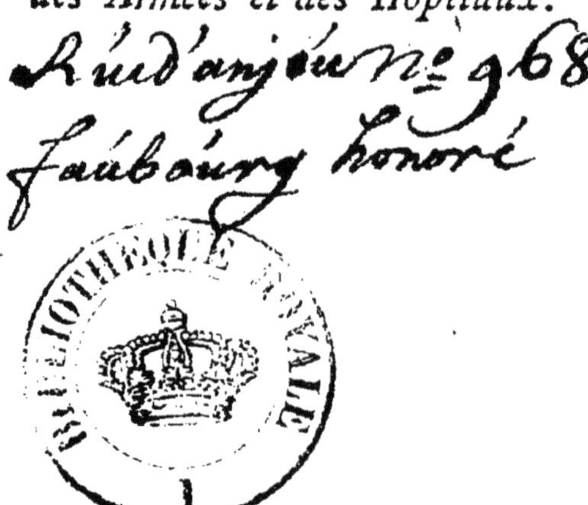

<hr>

De l'Imprimerie de CORDIER, Rue et Maison ci-devant Sorbonne, No. 382.